Couvertures supérieure et inférieure manquantes.

NOTICE HISTORIQUE
SUR ROYNAC

NOTICE HISTORIQUE

SUR

ROYNAC

(DROME)

Par l'abbé A. VINCENT

Membre de l'Institut historique de France et Chanoine honoraire du diocèse de Valence

Publiée sous le patronage de M. le PRÉFET et des membres
du Conseil général de la Drôme.

VALENCE
IMPRIMERIE DE CH. CHALÉAT, RUE ST-FÉLIX.
1865.

NOTICE HISTORIQUE

SUR ROYNAC.

CHAPITRE PREMIER.

De Roynac et de nos anciens bourgs l'origine est marquée d'un même sceau. Vers une époque d'anarchie remonte son point de départ ; il naît et grandit, alors que, tour à tour, des Burgondes aux Francs et des Francs aux Burgondes passait, subjuguée, la province Viennoise, ancienne Allobrogie. Mais du premier ou du second royaume de Bourgogne faut-il dater son brevet d'existence ? qui l'a signé ? les témoins font défaut ; l'histoire se tait, et pour résoudre ces questions, nous n'avons pas même le frêle appui de la science des mots. Roynac vient du latin *Roynaco, castrum de Roynaco*. L'étymologie, d'ordinaire si féconde en inductions, elle pâlit devant ce mot, inhabile à saisir un accident de terrain, une qualité du sol, un sens caché, gros peut-être d'arcanes et de révélations. Le mutisme des chroniqueurs, la nuit, l'obscurité partout, l'absence d'un guide et d'un flambeau, il y a là des obstacles réels et qu'on ne saurait éluder ni amoindrir.

L'horizon s'illumine enfin d'une clarté soudaine ; au loin paraît tout d'abord Roynac, le Roynac du douzième siècle, organisé déjà, vivant de sa vie propre et fort d'une mâle constitution. Apanage des Poitiers, hauts souverains de la Valdaine, il formait une châtellenie jouie par des co-seigneurs relevant eux-mêmes des comtes de Valentinois. Son nom va retentir de distance en distance ; il aura pour éclat l'estampille du fisc ; contre l'oubli le défendront et les mutations et les transports de la seigneurie. Ventes, échanges, actes d'hommages, reconnaissances, le tabellion signale tout, hormis les faits d'un intérêt local. Spectateur insensible aux émotions du drame, il recueille avec soin les bruits de la coulisse. Ces bruits, ces détails, ces futilités, en l'absence

do documents plus complets, ils deviennent pré-
cieux ; les écarter, serait appauvrir un héritage
bien restreint. Quelques épis glanés, d'ici de là,
sur un champ dévasté, ne constituent point l'abon-
dance, il est vrai ; mais d'eux sort une gerbe et la
gerbe atténue la misère.

Investis de la terre de Roynac, les Adhémar tra-
fiquent de ce fief ; ils l'engagent et le reprennent
pour l'aliéner encore, selon les exigences de leur
position. On voit, dès l'an 1164, Guillaume et
Royaise Adhémar céder leurs droits à Josserand de
Saint-Romain ; la stipulation du retour et 6000 livres
Viennoises témoignent du prix qu'ils attachaient à
ce joyau, de leur couronne un moment séparé, car
bientôt, à leur profit, s'éxécutait la clause du rachat.
Parmi les co-seigneurs, figure en 1263, Dalmas de
Besaudun. Les Moreton possédaient de grands biens
à Roynac ; ceux de Pierre Guigues venaient du chef
de sa femme, Béatrix de Roynac, fille de Jean de
Roynac, du lieu d'Audran et bailli de Cléon (1).

Les Poitiers s'attribuaient dans la Valdaine une
juridiction souvent douteuse et contestée ; ils allaient
reculant, peu à peu, le cercle de leur autorité. Les

(1) Histoire de la noblesse du comtat, par Pithon-Curt, tome
4, p. 22.

Archives de la chambre des comptes. — Généalogie de la mai-
son de Moreton.

Adhémar de Monteil invoquaient la justice et la justice alors résidait au bout d'une épée. De là cette rancune, cette jalousie qui dut armer le vassal contre son suzerain et le suzerain contre son homme-lige. Le pape Grégoire XI intervint et fit accepter un accord réglant la souveraineté vis-à-vis de Montelimar, puis quitta la France dès le mois de septembre 1376, heureux et satisfait d'avoir calmé les contendants. Ce traité, les uns et les autres le déchiraient après son départ. Giraud de Monteil sollicita la protection du Dauphin; Hugues de Monteil, seigneur de la Garde, se tint, lui aussi, pour délié. Quant à Louis de Poitiers, son serment ne l'inquiétait guère, et de violents instincts le poussaient aux hazards d'une lutte acharnée. Prévenir, crier : garde à vous ! l'honneur exigeait cette politesse des camps ; mais fondre sur ses adversaires, exploiter l'imprévu, ne point dénoncer une rupture, c'était un expédient plus sûr, sinon plus loyal. Il envahit les fiefs des Adhémar, saccage Roynac, Montboucher, La Bâtie-Roland, Rac et Saint-Gervais, brûle, pille, tue et laisse une population surprise, à la merci d'une soldatesque effrénée. Ce conflit pouvant nuire aux intérêts du Dauphin, le gouverneur tenta résolument de concilier les parties. Sages avis, prières, menaces, envoi de délégués, rien ne put fléchir l'opiniâtreté du comte de Valentinois. Ses gens parcouraient la Valdaine, et tout autour semaient l'effroi. On eût dit un torrent débordé ; mais las enfin d'une situation pour lui déjà trop compliquée, il s'abandonne à l'arbitrage de Charles V. Le roi vida cette querelle et la paix de nouveau fut signée (1).

Quoique à peine relevé de ses désastres, dolent encore, une seconde fois de l'ambition des Poitiers, Roynac expiait les écarts. Sur lui, sur le bas-Dauphiné tombaient la vengeance et les représailles d'un seigneur échappé du Comtat ; c'était Turenne ou Reymond de Beaufort. Pendant six ans, vers la fin du quatorzième siècle, il conquit et ruina presque tous les bourgs du Diois et du Valentinois. Louis II de Poitiers recueillait les fruits de son immixtion en un débat étranger. Partisan de Jeanne d'Anjou, neveu de Grégoire XII, il les soutint contre un vassal mutiné ; leur cause devint sa cause ; mais l'incendie qu'il voulait éteindre au loin, la haine va l'attiser chez lui, et Reymond lançant ses légions à travers nos contrées, pourra dire comme Attila : laissez passer la justice de Dieu ! (2)

Quand partit le fléau, du manant l'escarcelle était

(1). Histoire du Dauphiné, par Chorier, tome 2, p. 273.
(2). Histoire des comtes de Valentinois, par Duchesne.
 Histoire du Languedoc.
 Archives de la chambre des comptes.

vide ; vide était aussi le coffre-fort de Louis Adhémar.
La pénurie et de maigres ressources n'allant point à
ses goûts, il vendit , en 1405 , les terres de Roynac
et de Montboucher. L'acquéreur , Guillaume de
Mévouillon prêtait bientôt l'hommage au Dauphin,
ce légataire de Louis de Poitiers et dès lors comte du
Diois et du Valentinois. Par degré s'opérait la cen-
tralisation des pouvoirs politiques ; sans secousse
et sans bruit, la couronne étendait son action. Plus
forte, plus libre, elle s'assimile de petits Etats, lianes
qui grandies autour d'une tige , l'étreignent, com-
priment son essor et finiraient par l'étouffer (1).

Antoine de Mévouillon transmit Roynac à Meyraud
d'Hostun de la Baume, avec tous droits, censes,
rentes, propriétés, revenus féodaux, moyennant
trois mille cinq cents écus. C'était en 1515, époque
de gloire au dehors, de renaissance et de transformation sociale au dedans. Louis XI avait bridé la
noblesse ; inactive dans ses châteaux ou guerroyant
sous Charles VIII, Louis XII et François 1er, elle ne
causait ni trouble, ni perturbation à l'intérieur.
De là cette absence d'événements locaux. Il faut tenir
compte aussi d'un autre principe de nullité, au
point de vue de l'intérêt ; c'est du moins pour beaucoup de lieux la non-résidence des seigneurs. Attaquer

(1). Archives de la chambre des comptes.

un voisin, courir sus aux *ribauds*, défendre leurs
terres, assiéger un donjon, à ces faits caractéristi-
ques de la vie des barons, maint village emprunte
aujourd'hui sa célébrité. Les Adhémar et les
Mévouillon n'habitant point .Roynac, son rôle
dut être obscur, sans éclat, ni retentissement.
L'achat de la seigneurie par les d'Hostun, le laissait
isolé comme avant; sur le donjon flotta leur ban-
nière et le calme au-dessous fécondait le
travail (1).

La juridiction, les diverses phases de Roynac, son
existence extérieure, tout cela tient l'esprit en éveil.
Un tableau de son organisme et de ses parties vita-
les aura-t-il moins d'intérêt ? On y voit le cachet
de l'ancienne société, les rouages qui la faisaient mou-
voir, une robuste agrégation soucieuse de ses droits
et mesurant son énergie à la hauteur des besoins
du jour. Ces usages, ces institutions, ces coutumes
dont le souvenir est presque éteint, il y a sagesse à
les rappeler. Car mieux connus ils enseignent aux
ignorants, aux fils oublieux du passé, les efforts, les
tendances et les aspirations de leurs devanciers, en
quête d'aisance et de liberté. Dire l'établissement
du régime municipal à Roynac, exposer ses lois,
ses chartes, son code et ses priviléges, la des-

(1). Archives de la chambre des comptes.

truction des archives, des lacunes et des pertes irréparables nous dispensent de ce soin.

Un consul, six conseillers, des assemblées tantôt particulières, tantôt générales, par là se produisait l'autonomie des habitants. Le seigneur avait aussi son mandataire; un châtelain contrôlait les réunions, surveillait l'emploi des deniers publics, cumulant les fonctions de maire, de juge et de gouverneur. La justice était rendue sur les lieux mêmes; un gibet dressé près du portail, accusait son action et l'omnipotence d'une judicature embrassant toute cause, litigieuse ou criminelle, sauf l'appel à la sénéchaussée du Valentinois. Un courant centralisateur va bientôt l'emporter; mais transférée dans la ville des Adhémar, elle a, jusqu'en 89, son personnel distinct, ses audiences, son allure propre et son individualité. Pour l'indigent, au centre du bourg, s'élevait un hôpital enrichi des legs de plusieurs générations. Hors de l'enceinte, une *recluse* attendait le *ladre*, le lépreux. Sortis des mêmes inspirations, l'un et l'autre dotés, ils disaient la compatissance des aïeux. Cet asile du pauvre, ce refuge du malheureux banni de la société, il y a deux cents ans, vivace était encore leur souvenir. Un nom, une vague tradition révèlent seuls aujourd'hui l'existence des deux institutions que fonda le moyen-âge.

Au point de vue écclésiastique, Roynac dépendait de l'Evêché de Valence et formait une paroisse érigée sous le patronage de Saint-Lambert. Plan, style, décoration, tout dans l'église attestait son ancienneté. Mais étroite et ne pouvant répondre soit aux exigences du culte, soit aux besoins d'une population croissante, elle fut doublée par l'adjonction d'un vaste appendice orné de plusieurs autels. A droite, le mur latéral était percé d'une chapelle dédiée en l'honneur de Notre-Dame-des-Cinq-Plaies (1). Trait d'union reliant le douzième et le seizième siècle, un arceau rattachait l'église romane à l'église de style ogival, et malgré la différence de leur âge et de leur toilette, on eût dit comme deux sœurs vivant sous un même toit et vouées au même but. Çà et là dominant la campagne, existaient de petits *sacellum*, des croix, des sanctuaires vénérés. Le labeur autour d'eux perdait de sa tristesse et de la foi se propageaient les doux enseignements. Vers le bas du village apparaissait, isolé, l'oratoire de Saint-Michel ; il était pauvre d'art, pauvre de sculpture, mais non de souvenirs. Le culte alors si répandu du glorieux archange, sa fête avec les ébats d'un *reinage*, un cimetière adjacent, l'affluence aux jours des Rogations, il y avait là pour justifier sa popu-

(1). Plusieurs fonds composaient la dotation de cette chapelle.

larité. D'abord colonies de moines agriculteurs, puis retraites silencieuses, deux prieurés témoignaient de l'expansion des ordres religieux. Aux Augustins de l'abbaye de Saint-Thiers (1) appartenait celui de Puget un des quartiers ruraux du mandement (2). Les pouillés le désignent par le vocable de Notre-Dame de Puget. En 1539, le prieur reconnaissait avoir cinquante-cinq sétérées de terres, deux de prés, un denier et une poule de cense. Filiation des Bénédictins de Saint-Marcel-les-Sauzet, un autre prieuré, de Saint-Privat portait le nom. Cinquante sétérées de terres, douze de prés, vingt journaux de vignes composaient sa dotation (3). Chacun d'eux possédait une église, un cimetière, des bâtiments claustraux et une part de juridiction. La dîme constituait le bénéfice des prieurs ; mais la portion congrue, celle des pauvres, l'entretien du chœur de l'église paroissiale, ces charges diminuaient leurs revenus.

L'influence exercée par tant d'institutions variant de forme et d'objet, on ne peut la saisir qu'en rapprochant des éléments du bien-être moral, ceux du

(1). De Saou.

(2). En latin, *pojetum*, éminence, terrain élevé.

(3). Archives de la chambre des comptes. — Pouillé des abbayes de France.

bien-être matériel. Sur un plateau d'un abord peu facile, était construit Roynac. Un donjon, des remparts, des tours fortifiaient une position déjà si favorable au maintien de la sécurité. Créneaux, machicoulis, douves longeant, d'un côté, l'enceinte murée, soldats du guet veillant nuit et jour, milice au danger façonnée, tous ces engins, toutes ces précautions révélaient une époque agitée. Donnaient seuls entrée dans la place une poterne et un grand portail. Vers celui-ci débouchait une rue que joignaient, étroits, sinueux ou mal éclairés, le *passage* du château, les rues *du four*, de *l'église* et de *l'hôpital*. Vers celui-ci, tantôt les criées tantôt les ébats du jeu de paume attiraient une foule empressée. Là, devisaient matrones et anciens; là, encore, aux mauvais jours s'assemblaient les gardiens du pays. Le silence régnait à l'intérieur; partout la solitude, et nulle part, le bruit. Mais en hiver, chaque logis, chaque rue devenait un foyer d'industrie. Le tissage d'étoffes de laine occupant les deux tiers de la population, l'activité semait l'aisance, et l'aisance à tous profitait. Un mot désigne encore aujourd'hui le vieux quartier où les draps subissaient un dernier apprêt; c'est le mot *gauchoirs*, synonyme de foulons.

Depuis la guerre et les excursions de Turenne, une longue paix favorisant l'extension du bien-être, avec ardeur s'est relevé Roynac. Oublieux du passé, insoucieux du lendemain, il repose et jouit comme un ouvrier dont la tâche est finie. Sa quiétude et sa prospérité, ses illusions, ses élans vers un état plus florissant encore, il les perdra bientôt. Sur un fourgon et tenant d'une main le drapeau d'une coterie politique, en Dauphiné voici venir l'hérésie de Luther amendée par Calvin (1). *Réforme* est son nom ; la haine, l'ambition, l'esprit de fronde autour d'elle aplanissent les voies, brisent tout obstacle, et dans nos bourgs conquis, la terreur lui prépare un gîte et des croyants. Le nouveau culte a pour champions Des Adrets, Montbrun, Lesdiguières et Gouvernet. Ils l'imposent à la façon du Coran ; ils osent dire : *viendrez ou brûlerez !* Mais leur audace à l'endroit des églises, des couvents qu'ils incendient, des villages qu'ils pillent, des campagnes qu'ils dévastent, leurs excès, leur plan de domination vont se heurter contre un double rempart, l'instinct de l'ordre et la foi des aïeux.

Une lutte s'engage ; au champ clos descendent armés, catholiques et protestants. Ils jouent là une partie sans issue ; le débat se traîne en longueur, de gains et de revers mêlé. Surprises, violences, trahisons, les expédients dont une guerre civile a seule le secret, ils les emploient, et la solution ne vient

(1). Luther, moine défroqué, mourut en 1546 ; Calvin en 1564.

point. Les huguenots s'étaient déjà portés sur Roynac, bourg excellent, dit Chorier, par sa citerne et sa position. De là , en 1569 , le vœu de plusieurs généraux tendant à raser le donjon. Mais ce décret, ils ne purent l'exécuter ; car vers la fin de l'année 1573 , parmi les bourgs que tient Montbrun, figurent Roynac, Loriol, Grane et Allex. Les péripéties du siége , l'anxiété des habitants, le rôle de la garnison, aucun de ces détails ne nous a été transmis (1).

L'année suivante, apparait le dauphin d'Auvergne ; il conquiert des places, va de l'avant et rétrécit le cercle où se mouvaient les réformés. Grane pris, il laisse à de Gordes son lieutenant le soin d'activer le blocus de Livron, par le dégagement des alentours. Celui-ci , dès le huit novembre, est sous les murs de Roynac. Il a trois pièces de canon , des forces nombreuses et des troupes aguerries. Le château ne pouvant être investi de près , il le bat, l'entame, et chaque jour des assiégés s'aggrave la position. Réduit aux abois , craignant d'ailleurs un assaut, pour lui et les siens fatal, le gouverneur capitule et se rend. Deux frères étaient là, dans un camp opposé ; l'un commandait la place ; à l'autre échut le triste

____

(1). Chorier, tome 2 p. 363. — Faits mémorables sous Charles IX, Henri III et page 407.   2

honneur de signer les clauses de la reddition. Ils avaient nom Saint-Ferréol (1). De Gordes part ; le village et le château redisent sa prévoyance, à l'endroit des éventualités. Le culte est rétabli, de joie s'épanouissent les cœurs ; mais l'anarchie n'ayant point abdiqué, les bruits du dehors, l'appréhension de nouveaux malheurs tempèrent cette joie. Le cri du guet, le passage d'une *guérilla* calviniste, une moindre rumeur suspendaient le travail ou le repos des habitants (2).

Forts de leur union, forts aussi de leur courage, ils avaient écarté maints dangers, quand plus tenace et plus heureux, triompha l'ennemi ; c'était en 1577 (3). Deux ans après, moins vive est la lutte ; moins ardents sont les champions. Des coups sans vigueur, l'arène rétrécie, des pauses réitérées, le malaise et l'inaction, tout trahit leur épuisement. De là ces entrevues du Buis, de Montluel et d'Ambrun d'où sortit un accord passager. Le 20 octobre, à Clermont-le-Monestier, les délégués vont signer un traité de paix qui témoigne du rôle et de l'importance de Roynac, au point de vue de la stratégie. Maugiron, Bellegarde, Bellièvre-Hautefort, Gaspard de Flessins,

(1). Les Saint-Féréol habitaient Manas.
(2). Chorier, tome 2, 663.
(3). Id. 681.

Plovier, Saussac et Chapuis-Brigaudières, députés catholiques ; Lesdiguières , Aspremont , Morges, Ste-Marie , Allières et Gouvernet , députés huguenots, tels sont les éléments dont se compose l'assemblée. Discuté , puis accepté, le procès-verbal émet les conclusions suivantes : que tous actes d'hostilité et toutes contributions cesseront de part et d'autre ; que les huguenots videront les places qu'ils tiennent, à la réserve de Nyons, de Serres, de Gap, de la Mure, de Livron, de Die, de Pontaix , de Pont-en-Royans et de Châteauneuf-de-Mazenc ; que les ecclésiastiques et les catholiques seront reçus dans ces villes et rétablis dans leurs biens, la même faveur étant stipulée pour les huguenots dans les villes catholiques ; que les garnisons de Tulette, de Menthon , de Saou, de Roynac et de Grane seront retirées ; que la première et les deux dernières de ces places seront démantelées; elles appartenaient pour la plupart aux catholiques ; que les huguenots démoliront aussi les fortifications et les murailles des bourgs qui étaient en leur pouvoir, celles de Châteauneuf-de-Mazenc, de Pontaix et de Pont-en-Royans exceptées; qu'enfin chaque parti nommerait un gentilhomme inspecteur pour assurer l'exécution du traité (1).

(1). Chorier, tome 2, 089.

Ils ont cru leur tâche finie, ces négociateurs portant l'hermine ou la rapière ; ils ont dit à la paix : revenez ! mais son retour éveillant les passions, elles se mettent en travers du chemin et la font bien vite rebrousser, malgré le sauf-conduit à Clermont libellé. Sur plusieurs points renaît l'agitation ; le sang coule et la trêve est rompue. Mayenne accourt, pacifie le Valentinois, puis usant de l'autorité que lui donnait sa charge de gouverneur, il prescrit la démolition de trente-deux forts par lui naguère visités. Dès le mois d'août 1580, tombent les places de Loriol, Livron, Grane et Puy-Saint-Martin. Alors aussi, dut crouler le donjon de Roynac. Son boulevard détruit, ses murs découronnés, aux bandes de pillards le livrent sans secours. Guerrier couvert de plaies, vétéran désarmé commandent le respect ; à qui veut les insulter et les dépouiller, on jette de la boue ; mais l'honneur, où était-il ? Vexations, impôts forcés, campagnes envahies, par là se traduit la loyauté de soldats courant d'ici, de là. En vain proteste Roynac ; d'égards pour la faiblesse et le malheur, n'étaient point coutumiers les partis (1).

Le reflet de sa situation, de ses terreurs et de son anxiété, on le saisit dans un épisode accompli non

(1). Chorier, tome 2, 707.

loin du village, aux confins du mandement.
Le 13 août 1588, Maugiron et le baron de la Roche
allaient à Pierrelatte, escortés de leurs compagnies.
Voyant un corps de fourrageurs qui menait le bétail
pris dans le territoire, ils le chargent soudain ;
l'ennemi plie, succombe et bientôt disparaît, lais-
sant trois prisonniers et trente-quatre morts. Ces
passages de flibustiers levant troupeaux, tailles,
subsides et denrées, ces excursions d'un banditisme
éhonté, l'histoire les indique à grands traits ; par
eux toutefois, nous sommes éclairés sur l'état de
souffrance où végétait Roynac (1).

Catholiques, ligueurs, protestants sont enfin las de
batailler ; peu à peu les rapproche au même senti-
ment, l'oubli du passé ; restaient quelques soutiens
d'une cause perdue ; mais Henri IV abjure, et
bientôt donne à tous le gage contesté, l'enjeu de
leurs combats ; aux uns le roi catholique et fils aîné
de l'Eglise ; aux autres un édit qui consacre leurs
prétentions. La scène va changer de drame et de
décors ; l'union, la paix, le travail, l'industrie,
voilà désormais ses acteurs. Après l'orage, comme
après l'incendie, survivent des traces, des ruines
ou des dégats. Trente ans de convulsions ne

____

(1). Mémoires d'Eustache Piemont.

sauraient disparaître en un jour ; le sol non cultivé, la misère au foyer, des cœurs aigris témoignent de plaies sociales à guérir et de désastres matériels à réparer. L'œuvre des passions, de la haine et du fanatisme, on la voit s'étalant dans Roynac ; églises, bourg, campagne, prieuré de Saint-Privat, prieuré de Notre-Dame-du-Pujet, de cupides instincts n'ont rien épargné. Brûler un couvent, démolir un sanctuaire, abattre des croix, persécuter la foi des aïeux, l'hérésie le pouvait ; de la conscience des habitants, triompher était moins facile. Un petit nombre seul embrassa de Calvin la symbolique et les erreurs. Ce fait nous est révélé par le nom d'un quartier, *le cimetière des huguenots.*

Quinze ans se sont écoulés, gros d'efforts et de labeurs pour rendre au culte son éclat, au travail son gain, à la draperie son essor, à la communauté ses éléments vitaux. Ils ont suffi ; car déjà le bien-être s'épanouit ; tout respire une sensation de bonheur ; c'est la joie du réveil après la léthargie. Naguère étaient désolées, sans pompe et sans animations les églises de Notre-Dame et de Saint-Privat. Maintenant restaurées, leur nef s'emplit de nombreux pèlerins, et la foule y redit le chant des Rogations. Culte des morts, pieux ébats, *reinage,* souvenir du

très-haut archange, avec ces titres rajeunis, for-
tifiés, la chapelle de Saint-Michel eut bientôt retrouvé
sa popularité. D'âge en âge léguée, revivait une
institution dont l'origine est inconnue. Le 29 septembre, fête de Saint-Michel, le recteur de la chapelle
adjugeait à l'encan les honneurs de la cour. Parmi
les tenanciers, les vieillards, les jeunes gens, les
matrones et les jeunes filles, il y avait tant d'entrain,
que souvent les emplois manquaient à leur ambition
d'un jour. Ces débats de compétiteurs se disputant
les charges de roi, de reine, de dauphin, de dau-
phine, de connétable, de trésorier, de maître d'hô-
tel, de fauconnier, ils profitaient à l'église ; du prix
de chaque dignité s'ornait le sanctuaire, et maints
élus gagnaient ainsi faveurs, préférences et utile
renom qui coûtaient de la cire ou des florins,
mais non des larmes, des haines et des violences.
Gardien des trépassés, car le long de ses murs, ils
reposaient couchés sous le gazon, ce lieu réunissait
une double consécration, la piété des vivants et la
mémoire des défunts (1).

---

(1). Mabillon et, avant lui, Pierre le vénérable ont constaté
l'existence d'une chapelle dédiée à Saint-Michel dans beaucoup
de cimetières. On y priait spécialement pour les morts, en invo-
quant cet archange que les artistes du moyen-âge ont si souvent
représenté pesant les âmes, avant la redoutable comparution au
tribunal du souverain juge.

Pour sortir de la détresse où il était plongé, l'énergie ne faillit point à Roynac. Mesurant la hauteur des besoins, il aplanit les obstacles et triompha du mauvais vouloir ou de l'hésitation des forains. Les principaux détenteurs du sol étaient alors le marquis de La Baume, seigneur, Marie de Lafarge, Jacques de Brotin, Saint-Ferréol, seigneur de Saint-Pons, noble Masse de Bazemont, Jacques de Villeneuve, les prieurs, la cure et la chapelle des Cinq-Plaies (1). L'aisance revenue, dans la voie du progrès se sont engagés les habitants ; mais un fléau chez eux pénètre, inattendu. L'angoisse et la douleur, le désordre et la confusion, l'épouvante et la mort, c'est là, ce qu'il leur apportait. Cordon de miliciens, séquestration des pestiférés, nombre et qualité des victimes, prescriptions du *conseil de santé*, aucun détail ne nous est parvenu. Les registres locaux, les archives, tout document propre à nous éclairer sur la contagion de 1629, l'incurie les a dispersés ; et le livre que transmet le père à son fils : la tradition se tait, oublieuse, elle aussi, des événements du passé.

Secrète et inconnue jusqu'ici, par leur abandon des droits féodaux, se traduit l'action des d'Hostun,

____

(1). Ancien parcellaire à la commune.

vis-à-vis de Roynac. Le 17 avril 1648, à François d'Eurre, seigneur du Puy-Saint-Martin, Roger d'Hostun, marquis de la Baume, vendait la terre de Roynac, justice, censes, pulvérage, *guidage*, péage, fonds, prés, bois, plus la maison-forte et la grange de la Part (1). Ces biens et ces droits seigneuriaux dont la valeur était de six mille six cents livres, ils passent des d'Eurre au comte de Brizon (2) et de celui-ci, en 1785, à messire de Montlovier qui les perdit en 1789, ce temps d'arrêt et de transformation (3). La vieille société n'est plus, et des débris de l'antique édifice, avec lenteur doit sortir un édifice nouveau. Les plans succèdent aux plans, tour à tour adoptés, défaits et repris. Ces changements n'épargnent point Roynac ; du canton du Puy-Saint-Martin, une loi tout d'abord le déclarait annexe ; une seconde loi l'incorpore bientôt à celui de Crest, lui et son voisin déchu.

(1). Grange située sur le territoire de Marsanne.

(2). En 1735, le marquis de Brizon, baron de Largentière, reconnait avoir leds, censes en grains et en argent, droit d'avenage, c'est-à-dire, un émine d'avoine par habitant, ainsi qu'une poule, four banal, etc. Ces revenus produisent 625 livres. Il y avait à Roynac quatre fourneaux à tirer la soie. (Archives de la préfecture.

(3). M. de Montlovier, dernier seigneur de Roynac, appartenait à une ancienne famille dont la résidence était Crest. En 1741, Pierre de Montlovier était avocat au Parlement.

Le chiffre de la population dénonce un état florissant; huit cents âmes la composent aujourd'hui ; elle
était de 470 en 1791. L'industrie n'est pour rien
dans un essor si prompt ; à la culture, il faut le
rattacher. Mieux comprise et mieux dirigée, elle
étend son domaine, envahit les coteaux, féconde
la partie basse et du sol amendé tire de beaux pro-
duits. Vu de loin, Roynac impose l'attention ; il
semble avoir gardé son aspect féodal, son armure
et ses airs belliqueux. De hauts remparts se dresse
le circuit continu ; n'était l'absence des créneaux et
du donjon, on aurait devant soi le spécimen d'un
château-fort. La silhouette du clocher entretient
l'illusion ; mais l'antiquaire est bien déçu, quand à
l'étude du dehors, il veut joindre une inspection du
dedans. Corps sans âme et sans vie, squelette d'un
géant foudroyé, l'intérieur le désenchante et le sur-
prend. Des maisons veuves de leurs toits, des rues|,
des passages encombrés, des blocs épars, l'église
de Saint-Lambert réduite à quatre murs, douze
habitants rivés là par la force des habitudes ou par
les exigences de leur position, des débris partout,
partout aussi le deuil, le silence et la mort. Tel que
l'ont fait les révolutions ou les besoins d'une exploi-
tation plus aisée, ce village est resté grand ; il a le
prestige des ruines et le charme des souvenirs.

Joyaux du quartier par eux sanctifié, deux églises, deux prieurés manquent à l'appel du touriste ou du pèlerin. Quelques traces de fondation, l'indice d'un cimetière, un vague récit, de Notre-Dame-du-Puget, voilà l'imique héritage. Doter ce lieu d'une modeste croix, serait une œuvre pie ; aux Rogations le visiter, comme avaient fait les aïeux, contre l'oubli serait le préserver. De nos jours, mais honteux de leur destination, existent encore et l'église et le prieuré de Saint-Privat. Murs, dalles, voûte, abside, logis claustral, tous ces demeurants d'un autre âge et d'une autre institution portent bien haut l'enseignement des intérêts matériels. Nus, travestis, ils forment l'appendice d'une grange et leur toilette s'en ressent. Des chapelles rurales, des legs d'une époque de foi, un seul est debout, l'église de Saint-Michel. Agrandie depuis peu, elle a toujours le monopole de la joie et de la douleur, des funérailles et des solennités. Une vogue, il est vrai, confisquant le *reinage*, aux fêtes du patron vient mêler ses ébats.

La position non centrale de l'église, un vaisseau trop exigu, une montée rude toujours ; ces inconvénients, un prêtre zélé (1), une généreuse population les ont éloignés. Bâtie vers l'an 1833, sur un

______

(1). M. Salabelle.

plateau que domine l'ancien village, en l'honneur de Saint-Lambert dédiée elle aussi, construite avec goût, parée de trois autels, l'église nouvelle est l'expression des besoins du moment. Devant le portail s'allonge un terrain spacieux bientôt encadré de blanches maisons, noyau d'une bourgade à son point de départ. Le *castrum* des sires de Monteil et le village éclos d'hier, représentant de deux sociétés, forment rapprochés, le plus saisissant des contrastes. Là haut, c'est un vieillard décrépit, fidèle image d'un passé lointain : c'est l'abandon, la misère, la solitude et la tristesse des ruines. Là bas, au-dessous, plein de sève et d'énergie, s'épanouit un rejeton : c'est l'emblème du présent.

FIN.

. VALENCE, IMPRIMERIE DE CHALÉAT.